N O P Q R S T U V W X Y Z

Peter Hillmann / Ina Hoffmann

Mein erstes Berufe-Lexikon von A bis Z

In neuer Rechtschreibung

1. Auflage 2004

Cover und Innenillustrationen: Melanie Brockamp
Gesamtherstellung: westermann druck Braunschweig GmbH
ISBN 3-401-08443-7

Peter Hillmann / Ina Hoffmann

Mein erstes Berufe-Lexikon von A bis Z

Mit Illustrationen von
Melanie Brockamp

EDITION BÜCHERBÄR

Inhalt

A Der Arzt

Wenn es dir nicht gut geht und du Schmerzen und Fieber hast, geht Mama mit dir zum Arzt.

Zuerst unterhält er sich mit dir, denn er möchte ganz genau wissen, wo es dir wehtut. Dann untersucht er dich gründlich. Mama darf dabeibleiben. Mit dem Stethoskop hört er deinen Brustkorb ab. Mit einem kleinen Stäbchen drückt er dir leicht auf die Zunge, damit er sehen kann, ob dein Hals rot ist.

Zum Schluss schreibt er auf einen Rezeptblock auf, welches Medikament du eine Zeit lang einnehmen sollst, damit es dir bald wieder besser geht.

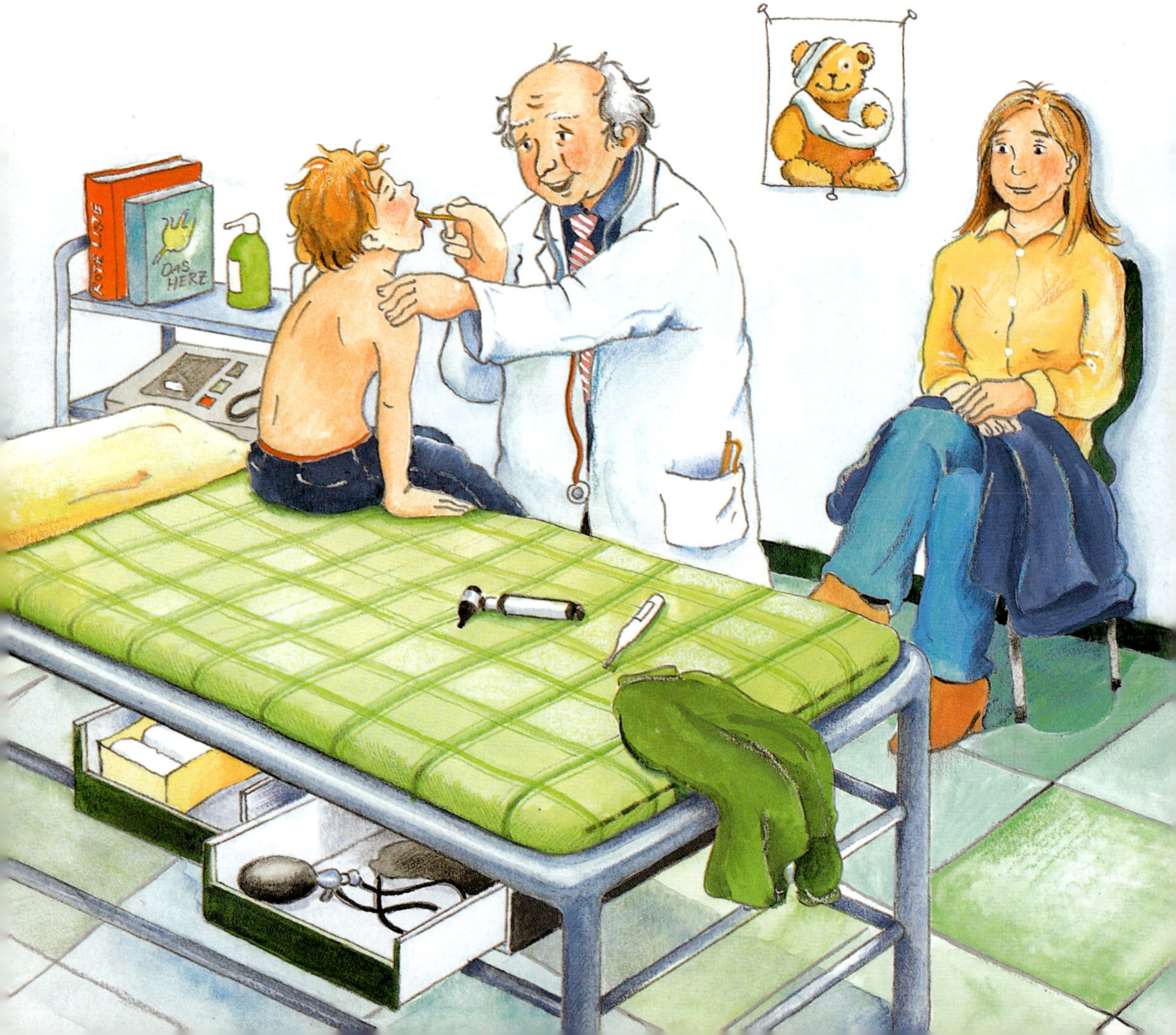

Die Apothekerin

Bestimmt bist du mit Mama oder Papa schon einmal in einer Apotheke gewesen. Dort gibt es Medikamente, Cremes, Tee und viele andere Dinge, die man braucht, wenn man krank ist.
Mama gibt der Apothekerin das Rezept, das sie vom Arzt bekommen hat. Die Apothekerin holt den richtigen Hustensaft. Sie hilft Papa auch Hustenbonbons auszusuchen, denn sie kennt sich gut mit Medikamenten aus.
Magst du den Traubenzucker auch gerne, den die Apothekerin den Kindern schenkt?

Der Automechaniker

Wenn euer Auto kaputt ist, bringen Mama oder Papa es zur Werkstatt.
Dort überprüft der Automechaniker das Auto gründlich.
Er fährt es an eine Mess- und Prüfstation und testet mit seinen Geräten die einzelnen Teile des Autos.
Wenn er den Fehler gefunden hat, repariert er das Auto.
Er baut neue Teile ein und sorgt dafür, dass ihr sicher weiterfahren könnt.

Diese Automechaniker arbeiten in einer Fabrik, in der Autos gebaut werden.
Jeder Automechaniker hat eine andere Aufgabe: Hier siehst du, wie sie einen Sitz in das Auto einbauen.
Dann fährt das Auto auf dem Förderband weiter zu den nächsten Automechanikern. Sie bauen eine Tür ein.

B  Der Bäcker 

Der Bäcker muss sehr früh am Morgen aufstehen, damit das Brot und die Brötchen bis zur Frühstückszeit fertig sind.
Hier siehst du den Bäcker in seiner Backstube bei der Arbeit.

Wenn du am Morgen in die Bäckerei kommst, hat der Bäcker schon lange gearbeitet und du kannst zwischen vielen Brot- und Brötchensorten auswählen. Die Verkäuferin erklärt dir gerne den Unterschied zwischen den einzelnen Sorten. Was schmeckt dir vom Bäcker am besten?

B Der Bauer

Das ganze Jahr über gibt es viel auf dem Bauernhof zu tun:

Im Frühling pflügt der Bauer die Felder. Dabei kommt der frisch gestreute Mist unter die Erde. Mit der Kartoffel-Legemaschine legt er die Kartoffeln in die Erde.

Im Sommer mäht der Bauer die Getreide- und Heufelder. Auch die neuen Kartoffeln können geerntet werden.

Im Herbst ist das Obst reif und der Bauer hat viel Arbeit in seinem Obstgarten. Auch die Zuckerrüben muss er im Herbst roden.

Im Winter repariert der Bauer seine Maschinen. Er sitzt auch lange Abende vor dem Computer und notiert sich, wie viel Geld er ausgegeben und verdient hat. Er macht seine Buchführung.

Die Buchhändlerin

Wenn du dir in der Buchhandlung ein Buch aussuchen möchtest, kann dir die Buchhändlerin gute Tipps geben. Es macht ihr Freude, sich mit Büchern zu beschäftigen und sie zu lesen. Wenn du ein bestimmtes Buch suchst, das nicht im Buchladen zu finden ist, bestellt die Buchhändlerin es für dich.

Die Busfahrerin

Diese Busfahrerin fährt einen Linienbus. Jeden Tag fährt sie die gleiche Strecke durch die Stadt. An den Haltestellen hält sie an und lässt neue Fahrgäste einsteigen. Bevor die Busfahrerin weiterfährt, verkauft sie den Fahrgästen die richtige Fahrkarte.

Dieser Busfahrer fährt einen Reisebus. Die vielen Menschen in dem Bus wollen Ferien in den Bergen machen. Der Busfahrer bringt sie dort hin. Unterwegs macht er Pausen, damit sich seine Fahrgäste die Beine vertreten können und er sich ein wenig ausruhen kann.

Die Chemikerin

Der Chemiker arbeitet in einem Labor. Diese Chemikerin untersucht, ob die Wandfarben auch wirklich ungefährlich sind.
Bei ihren Experimenten muss sie genau aufpassen, denn es können giftige Dämpfe entstehen. Deshalb trägt sie einen Labormantel und eine Schutzbrille.

Der Computerspezialist

Hast du auch schon einmal an einem Computer gesessen und Spiele oder Aufgaben gemacht? Damit du das kannst, haben vorher verschiedene Computerspezialisten ihre Arbeit gemacht.
Sie haben deinen Computer aus einzelnen Bauteilen zusammengebaut.

Wenn dein Computer einmal repariert werden muss, sucht der Computerspezialist den Fehler und bringt das Gerät in Ordnung.
Einige Computerspezialisten denken sich Spiele aus, die Kinder auf dem Computer spielen können.

D 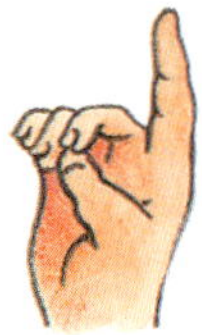 Die Dolmetscherin

Die Dolmetscherin kann mehrere Sprachen sprechen. Sie hat lange dafür gelernt und geübt. Jetzt kann sie von einer Sprache in die andere übersetzen, wenn sich Menschen treffen, die verschiedene Sprachen sprechen und sich nicht verstehen.

Diese Geschäftsleute brauchen die Hilfe der Dolmetscherin, um sich miteinander unterhalten zu können. Sie verdient ihr Geld, indem sie auf Konferenzen oder bei Geschäftstreffen dolmetscht.

Diese Dolmetscherin übersetzt für die gehörlose Frau, was der Mann sagt. Dafür benutzt sie Handzeichen, die Gebärdensprache genannt werden. Die Dolmetscherin ist eine Gebärdendolmetscherin.

Der Elektriker

Der Elektriker wird überall dort gebraucht, wo elektrische Leitungen, Steckdosen, Schalter, Sicherungen und elektrische Geräte eingebaut werden. Er arbeitet auf Baustellen und verlegt in den neuen Häusern die Stromleitungen, damit später das Licht brennen kann. Er kann auch euren Fernseher oder euer Radio reparieren, wenn es kaputt ist.

F Der Feuerwehrmann

Zur Arbeit trägt der Feuerwehrmann immer seine vollständige Uniform. Sie schützt ihn in gefährlichen Situationen.

Feuerwehrmänner haben viele Aufgaben. Sie löschen nicht nur Brände, sondern helfen auch bei Unfällen.
Wenn du geschickt und sportlich bist und dir außerdem nicht schwindelig wird, wenn du auf hohe Leitern steigst, dann kannst du dich bei der Kinderfeuerwehr anmelden.

F

Der Förster

Der Förster hat viele Aufgaben. Häufig arbeitet er im Wald, denn dort gibt es viel zu tun: Er begeht sein Revier und überprüft, ob dort alles in Ordnung ist. Er macht kleine Zeichen auf die Bäume, die von den Waldarbeitern gefällt werden sollen.
Mit seinen Waldarbeitern überprüft er die Nistkästen und säubert sie.

Die Försterin führt eine Kindergartengruppe durch den Wald. Sie erklärt den Kindern, wie man die verschiedenen Bäume an ihren Blättern erkennen kann. Sie zeigt ihnen einen Ameisenhügel und die Spuren eines Rehs. Warst du auch schon einmal mit deinem Kindergarten im Wald?

Der Friseur

Wenn deine Haare zu lang geworden sind, nehmen Papa oder Mama dich mit zum Friseur.
Bevor der Friseur dir die Haare wäscht, unterhält er sich mit dir, denn er möchte genau wissen, wie du deine Haare tragen möchtest.
Nach dem Haarewaschen schneidet der Friseur die Haare.
Er kontrolliert regelmäßig, ob sie die richtige Länge haben.
Damit du nicht mit nassen Haaren nach Hause gehen musst, föhnt er sie dir zum Schluss.

Der Gärtner

Im Frühling holt der Gärtner die vorgezogenen Pflanzen aus dem Gewächshaus. Er legt Beete in Gärten, in Parks oder in Grünstreifen in der Stadt an. Dabei überlegt er ganz genau, welche Pflanzen gut zusammenpassen.

Im Sommer kümmert sich der Gärtner regelmäßig um seine Beete: Er jätet das Unkraut zwischen den Blumen und lockert die Erde ab und zu mit der Harke auf. Damit die Pflanzen nicht verdursten, gießt er sie bei Trockenheit.

Im Herbst bringt der Gärtner empfindliche Kübelpflanzen zurück ins Gewächshaus, damit sie in den kalten Nächten nicht erfrieren. Er bläst das Laub von den Rasenflächen im Park. Im Garten schützt er empfindliche Pflanzen mit Zweigen von Nadelbäumen, damit sie im nächsten Jahr wieder zu wachsen beginnen.

Auch **im Winter** hat der Gärtner viel zu tun: Er kümmert sich um die Pflanzen, die ins Gewächshaus zurückgebracht wurden, und beginnt damit, Pflanzen für den Frühling vorzuziehen.

Die Goldschmiedin

Die Goldschmiedin verkauft in ihrem Laden Schmuckstücke und Uhren. Viele Schmuckstücke hat sie in ihrer Werkstatt selbst aus Gold, Silber und Edelsteinen angefertigt. Zuerst zeichnet sie einen Entwurf von dem Schmuckstück, das sie herstellen möchte. Dann formt sie es aus kleinen Goldstückchen mit ihrem Werkzeug und fasst die Edelsteine ein. Man kann auch kaputte Schmuckstücke zu ihr bringen, die sie repariert.

H Die Hebamme

Hast du schon einmal ein kleines Geschwisterchen bekommen?
Dann hast du sicher schon vom Beruf der Hebamme gehört.
Die Hebamme betreut die schwangere Frau während ihrer Schwangerschaft. Die Frau geht vor der Geburt einige Mal zur Hebamme. Die Hebamme untersucht die Frau, wiegt sie und schreibt alles Wichtige über das ungeborene Baby in den Mutterpass.

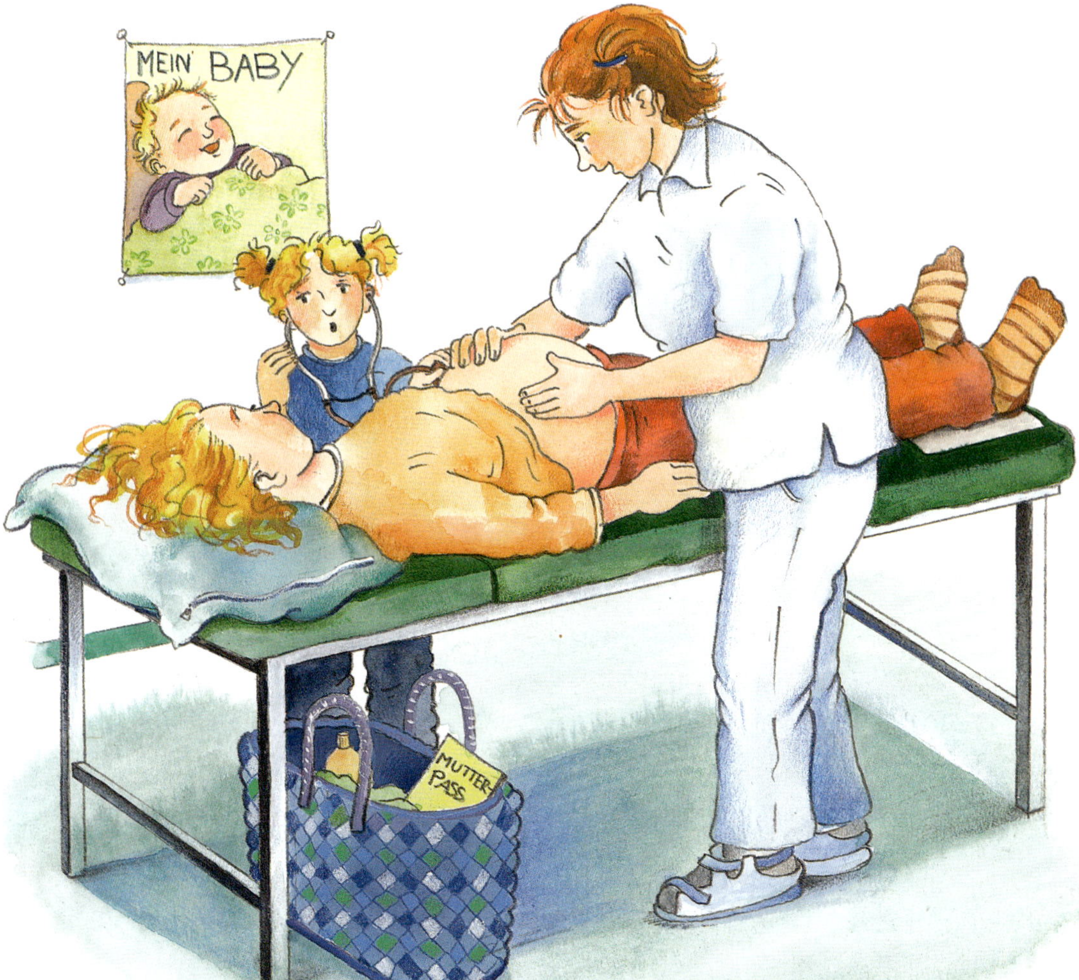

Während der Geburt hilft die Hebamme der Frau und dem Baby. Sie passt auf, dass es den beiden gut geht. Nach der Geburt misst, wiegt und wäscht sie das Baby. Dabei darf ihr der Vater des Babys helfen.

I Der Illustrator

In deinen Büchern stehen viele spannende Geschichten oder interessante Dinge über Tiere, Menschen, Pflanzen und Sachen, die dir Mama, Papa, Oma oder Opa gerne vorlesen. Vielleicht kannst du es ja auch schon selber?

Zuerst macht sich der Zeichner Entwürfe zu den Bildern, die in das Buch sollen. Er probiert lange herum, bis ihm die Figuren und Bilder gefallen.

Dann zeichnet er die Bilder sorgfältig mit einem schwarzen Stift.

Zum Schluss malt er die Bilder mit bunten Stiften und Pinseln aus.

Der Ingenieur

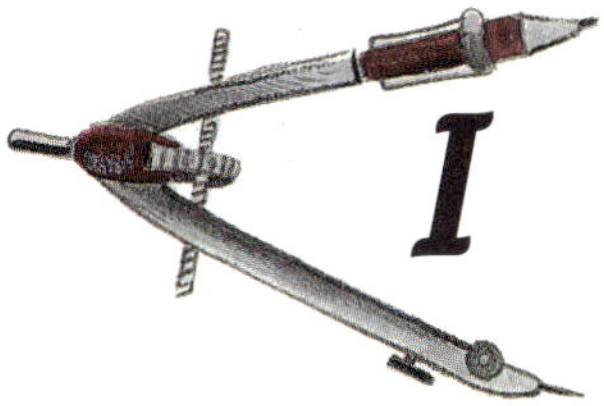

Diese Ingenieurin arbeitet in einer Bekleidungsfirma. Sie kümmert sich um die Maschinen, die zur Kleiderherstellung gebraucht werden.

Beton und andere Baustoffe werden aus Gesteinen und Kohle, die erst aus der Natur geholt werden müssen, hergestellt. In dieser Kiesgrube kümmert sich der Ingenieur um den Gesteinsabbau.

Dieser Ingenieur arbeitet in einer Firma, die verschiedene Limonaden herstellt.
Bevor die Limonade verkauft werden kann, überprüft er, ob sie in Ordnung ist.

Diese Ingenieurin arbeitet in einem großen Theater. Sie probiert gerade aus, ob sich die Drehbühne ohne Schwierigkeiten bedienen lässt.

J

Die Journalistin

Die Zeitungsjournalistin besucht mit einem Fotografen das Sommerfest in der Stadt und macht sich Notizen über das Fest. Im Büro schreibt sie dann einen Bericht über das Fest, den du am nächsten Tag in der Zeitung finden kannst.

Der Fernsehjournalist berichtet von der Eröffnung eines neuen Schwimmbades. Der Kameramann und der Tontechniker nehmen ihn auf. Am Abend kannst du seinen Bericht in den Nachrichten ansehen.

K

Die Kindergärtnerin

Du weißt ja sehr genau, was deine Erzieherin vormittags tut, wenn du und deine Freunde im Kindergarten seid: Sie spielt und bastelt mit euch, liest euch vor oder singt lustige Lieder mit euch. Immer hat sie gute Ideen und so vergeht die Zeit im Kindergarten immer viel zu schnell. Mittags deckt sie mit euch den Tisch. Bevor das Mittagessen beginnt, spricht sie mit euch den Tischspruch.

Doch was tut sie, wenn du schon nach Hause gegangen bist? Gemeinsam mit den anderen Erzieherinnen überlegt sie sich neue Projekte für euch.
Manchmal trifft sie sich auch mit den Eltern der Kindergartenkinder, denn die Eltern wollen wissen, wie es ihrem Kind im Kindergarten gefällt.

Die Köchin

In dieser Hotelküche arbeiten viele Köchinnen und Köche für die Urlaubsgäste. Aus vielen frischen Zutaten bereiten sie ein leckeres Abendessen vor. Der Koch trägt einen Hut, damit keine Haare ins Essen fallen können.

Oft ist es in der Küche sehr warm, doch die Arbeit macht trotzdem Spaß.

Die Krankenschwester

K

Wenn du einmal einige Tage im Krankenhaus verbringen musst, kümmert sich die Krankenschwester um dich.
Sie sorgt dafür, dass du frisch und gemütlich in deinem Bett liegen kannst. Nachdem sie dir beim Waschen geholfen hat, macht sie dein Bett.
Damit deine Verletzung schnell und ohne Narben heilen kann, kontrolliert sie jeden Tag deine Wunde und versorgt sie mit einem frischen Verband.

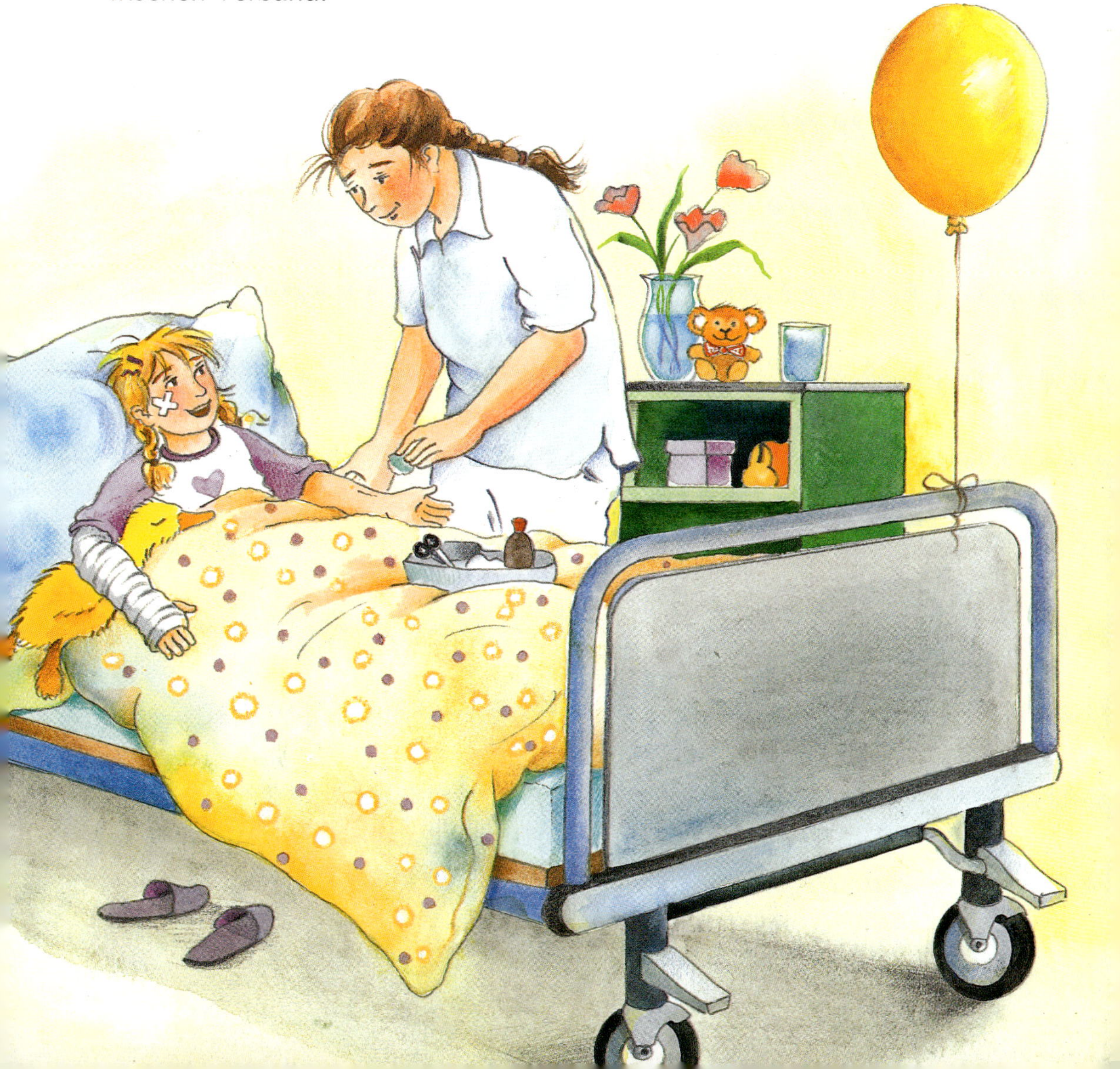

Die Lehrerin

Die Lehrerin verbringt den Vormittag in der Schule.
Dort trifft sie sich im Klassenzimmer mit ihren Schülern und Schülerinnen. Gemeinsam werden sie heute viel lernen und arbeiten, aber auch Spaß haben.
Zuerst singt die Lehrerin mit den Kindern ein Guten-Morgen-Lied.
Dann zeigt die Lehrerin den Kindern, wie man das O schreibt. Alle üben es an der Tafel und in ihrem Heft.
Die Lehrerin übt mit den Kindern rechnen. Am Zahlenstrahl zeigen sie die Zahlen, die sie schon kennen.

Am Nachmittag arbeitet die Lehrerin zu Hause. Sie sitzt am Schreibtisch und betrachtet sich die Hefte der Kinder. Sie stempelt die Hefte mit einem Stempel, der die Kinder lobt.
Danach bereitet sie den Unterricht für den nächsten Tag vor.
An manchen Nachmittagen bleiben die Lehrer noch lange in der Schule. Sie treffen sich im Lehrerzimmer und sprechen über die Schule. Sie überlegen und planen, wie sie die Schule noch schöner für die Kinder machen können.

L

Der Lokomotivführer

Auf dem Dienstplan sieht der Lokomotivführer nach, für welche Fahrten er eingeteilt worden ist. Bevor es losgeht, informiert er sich über die Besonderheiten seiner Fahrstrecke und des Triebwagens, den er dieses Mal fahren muss.

Während der Fahrt konzentriert sich der Lokomotivführer genau auf seine Fahrstrecke. So sieht er die Signale rechtzeitig und kann sich nach ihnen richten. Er muss auch auf seine Instrumente und auf die Geschwindigkeit des Zuges achten.

Der Maler

Wenn die Maurer mit ihrer Arbeit fertig sind und der Verputz getrocknet ist, macht sich der Maler an die Arbeit. Zuerst sucht er mit dem Hausbesitzer die passende Farbe aus. Er zeigt ihm seine Farbkarten und hilft ihm sich zu entscheiden. Nachdem eine Firma ein Gerüst um das Haus gebaut hat, können die Maler mit dem Anstrich beginnen. Sie tragen die Farben in mehreren Schichten auf. Zum Schluss streichen sie auch noch die Fensterrahmen.
Auch innen muss das Haus noch verschönert werden. Hier siehst du die Maler beim Tapezieren. Sie schneiden die Tapetenbahnen zurecht und leimen sie ein. Beim Aufkleben der Tapete passen sie auf, dass das Muster genau zusammenpasst.

Der Maurer

Bevor man in ein neues Haus ziehen kann, müssen viele Arbeiten erledigt werden.
Mit Mörtel fügen die Maurer die Steine zusammen. Sie müssen gründlich und sorgfältig arbeiten, damit das Haus später nicht kaputtgehen kann. Mit der Kelle streichen sie den Mörtel auf, mit der Wasserwaage und dem Senkbeil kontrollieren sie, ob die Steine genau und gerade übereinander sitzen. Auf dem Bauplan können sie sehen, wie das Haus gebaut werden soll.
Auf dem Bau gibt es aber noch viele andere Arbeiten, die die Maurer zu erledigen haben. Sie bauen Gerüste auf, verputzen die Hausfassaden, mischen im Betonmischer Beton und bauen Kamine ein.

M

Der Metzger

Bestimmt hast du deine Mama oder deinen Papa schon oft zum Einkaufen begleitet. Frisches Fleisch oder Wurst holen sie gerne beim Metzger – oder Fleischer, wie man den Metzger in manchen Gegenden auch nennt. Neben verschiedenen Fleisch- und Wurstsorten kann man bei ihm auch leckere Salate kaufen.
In der Wurstküche bereitet der Metzger seine verschiedenen Spezialitäten zu: Er legt Fleischstücke in leckere Soßen ein, damit sie zarter werden und besser schmecken. Im Wurstkessel kocht die Wurstzubereitung. Mit Kräutern und Gewürzen schmeckt er sie zum Schluss noch ab.

Der Müllmann  M

Die Arbeit der Müllmänner beginnt am frühen Morgen. Mit dem Müllauto holen sie den Müll der vergangenen Woche ab. Den stellen die Leute bereits oft am Abend vorher in den Mülltonnen vor ihre Häuser.

Jede Tonne muss von einem Müllmann zum Wagen gerollt und dort auf den Greifarm gesetzt werden. Das ist sehr anstrengend! Zwischen ihren Touren fahren die Müllmänner zur Müllkippe oder zur Müllverbrennungsanlage. Dort wird das Müllauto geleert.

Der Notar

Ein Notar ist ein Rechtsanwalt mit besonderen Aufgaben.
Wenn sich eine Familie ein Haus kauft, trifft sie sich mit dem Verkäufer bei einem Notar.
Der Notar achtet darauf, dass der Kaufvertrag in Ordnung ist, und berät den Käufer und den Verkäufer. Dann unterschreiben alle den Vertrag und der Notar setzt sein Siegel unter die Unterschriften.
Ob ein Rechtsanwalt auch ein Notar ist, kannst du gut an seinem Kanzleischild erkennen: Nur ein Notar darf ein Amtsschild mit dem Wappen des Bundeslandes, in dem er arbeitet, an seine Tür hängen.

Die Notärztin

N

Manche Menschen sind so krank oder so schwer verletzt, dass sie nicht mehr alleine zum Arzt oder ins Krankenhaus fahren können.

In solch ernsten Fällen kann man über die Notrufnummer 112 Hilfe herbeirufen. Bestimmt hast du auch schon einmal gesehen, wie jemand mit dem Krankenwagen abgeholt wurde.

Auf der Fahrt ins Krankenhaus kümmert sich die Notärztin um den Kranken oder Verletzten.

Sie misst regelmäßig seinen Puls und seinen Blutdruck und gibt ihm die nötigen Medikamente. Sie spricht mit ihrem Patienten, um ihn zu beruhigen und um ihm seine Sorgen zu nehmen.

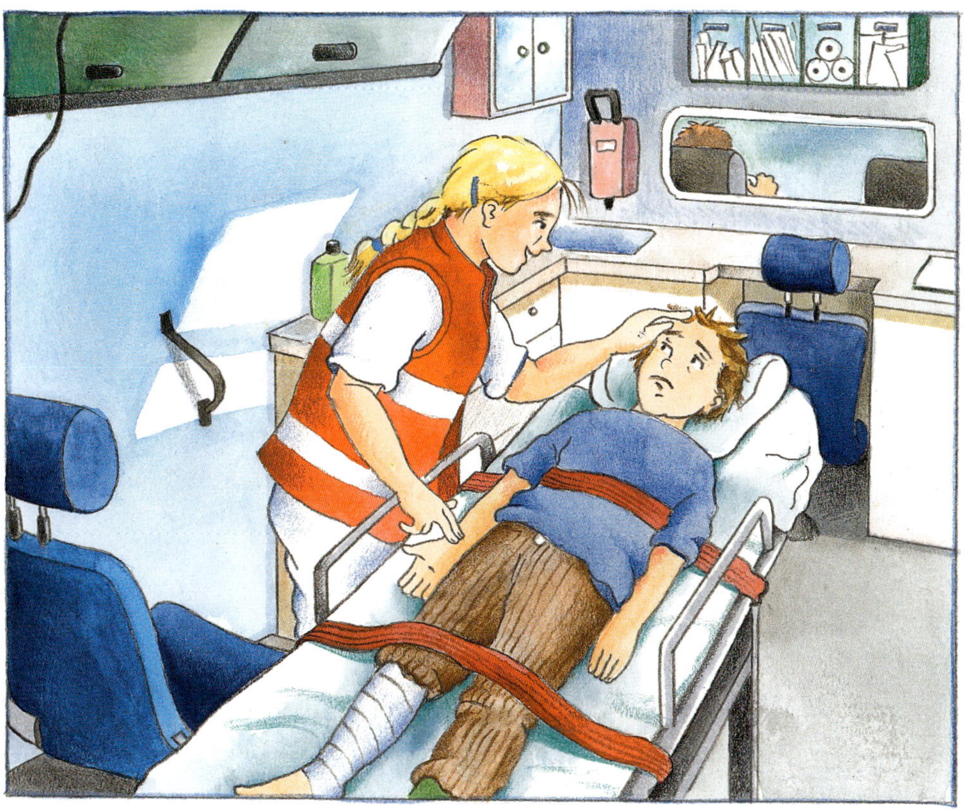

O

Die Optikerin

Manche Menschen brauchen eine Brille, damit sie gut sehen können. Wenn du merkst, dass du Dinge nicht mehr richtig erkennen kannst oder oft Kopfschmerzen hast, solltest du zum Augenarzt gehen. Mit dem Rezept für eine Brille, die er dir vielleicht verschreibt, gehst du dann mit deinen Eltern zur Augenoptikerin.
Mit ihren Geräten misst sie deine Augen genau aus, damit sie die passenden Gläser für dich anfertigen kann.

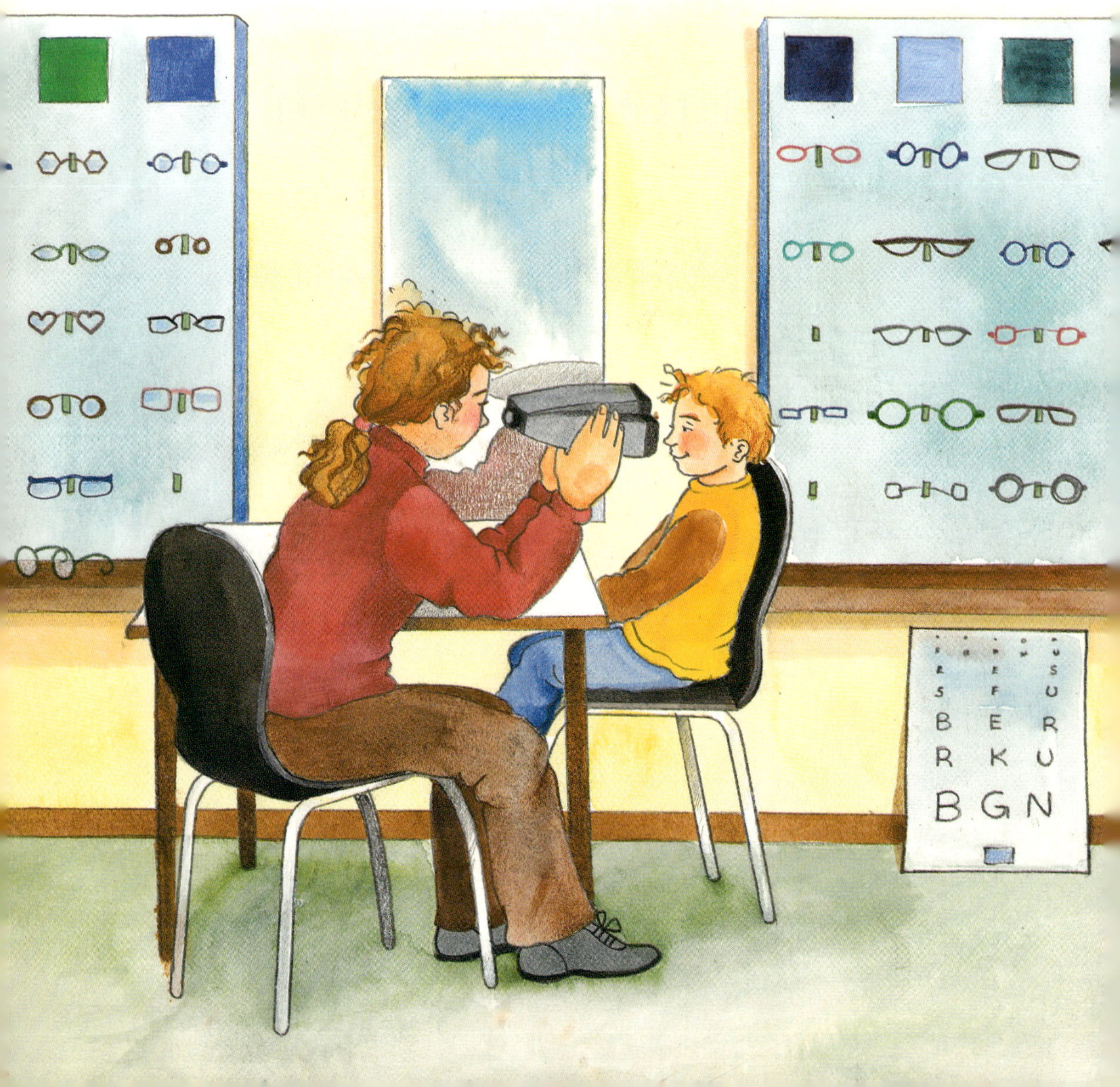

Dann hilft dir die Optikerin ein schönes Brillenmodell auszusuchen. Sie zeigt dir verschiedene Brillen und prüft auch gleich, ob sie die passende Größe für dich haben.
Nachdem du dir eine Brille ausgesucht hast, schleift die Optikerin in ihrer Werkstatt die passenden Brillengläser in deine Brille ein.

P 

Die Pilotin

Ihre Ferien wollen viele Menschen gerne am Strand und in der warmen Sonne verbringen. Damit die Reise nicht zu lange dauert, fliegen sie zu ihrem Urlaubsziel.
Die Pilotin bringt die Urlauber sicher dort hin.
Bevor der Flug beginnt, überprüft sie mit dem Copiloten alle Instrumente und Computer im Cockpit.
Erst wenn sie sicher ist, dass alle Geräte funktionieren, macht sie sich für den Start bereit. Doch zuvor fragt sie die Flugbegleiterinnen, ob alle Passagiere angeschnallt sind.

Während des Starts und auch während der Landung hat die Pilotin am meisten zu tun. Sie unterhält sich über Funk mit den Fluglotsen, die aufpassen, dass der Luftraum für das Flugzeug frei ist.
Aber auch während des Flugs muss die Pilotin immer wieder die Instrumente kontrollieren, auf die richtige Flughöhe achten und das Flugzeug ruhig steuern.
Wenn sie Zeit hat, spricht sie über einen Lautsprecher mit den Passagieren und sagt ihnen, wie hoch sie gerade fliegen.

Der Polizist

Auf den Bildern siehst du Polizisten und Polizistinnen bei der Arbeit.
Sie haben viele verschiedene Dinge zu tun:
Wenn eine Ampel ausfällt, regelt der Verkehrspolizist den Verkehr.
Der Motorradpolizist kommt auch in einem Stau schnell zu einem Unfall.

Die Polizisten der Wasserschutzpolizei tragen eine blaue Uniform. Mit ihren Booten sind sie auf dem Wasser unterwegs. Sie kontrollieren, ob niemand das Wasser verschmutzt oder zu schnell mit seinem Wasserfahrzeug fährt.
Hier siehst du auch eine Polizistin, die eine Hundeführerin ist. Sie trainiert viel mit ihrem Hund, damit er sie in gefährlichen Situationen beschützen und verteidigen kann. Im Hubschrauber suchen die Polizisten einen Verbrecher, der mit seinem Auto geflohen ist.

§ R

Der Rechtsanwalt

Manchmal können sich Menschen nicht einigen, wer bei einem Streit Recht hat:
Wenn sich ein Ehepaar scheiden lassen möchte und nicht entscheiden kann, wer weiter in dem Haus leben darf.
Oder wenn zwei Autofahrer einen Unfall hatten und sich darüber streiten, wer den Schaden an den Autos bezahlen muss.
Dann sucht sich jeder von ihnen einen Rechtsanwalt. Die Rechtsanwälte kennen sich gut mit den Gesetzen aus und helfen ihnen eine gerechte Lösung zu finden.
Dieser Mann hat das Gesetz nicht beachtet und soll bestraft werden.
Seine Rechtsanwältin begleitet ihn zum Gericht. Sie achtet darauf, dass er gerecht behandelt wird und die Strafe nicht zu hoch wird.

Der Richter

Manchmal lässt sich der Streit zwischen zwei Menschen nicht ohne einen Richter klären.
Mit ihren Anwälten kommen sie zum Gericht und tragen dem Richter ihren Streit vor. Der Richter hört sich alles genau an. Zum Schluss entscheidet er, wie der Streit gelöst werden muss. An dieses Urteil müssen sich die Streithähne halten.
Ein Richter muss gerecht und fair entscheiden und darauf achten, dass alle Gesetze beim Lösen des Problems beachtet werden. Du erkennst den Richter an seiner Robe.
Der Richter entscheidet auch, wie jemand bestraft wird, der ein Verbrechen begangen hat. Dabei beachtet er die Vorschläge, die die Rechtsanwälte machen. Erst wenn alle Umstände gründlich geprüft worden sind, fällt er ein Urteil.

Der Schiffskapitän

Bist du schon einmal auf einem so großen Schiff gefahren? Darauf gibt es viel zu tun, damit die Urlauber ihre Ferien genießen können. Der Schiffskapitän ist der Kommandant des Schiffes. Er ist dafür verantwortlich, dass alles auf der langen Reise über das Meer gut geht. Dabei helfen ihm die Offiziere und viele andere Mitarbeiter auf dem Schiff. Regelmäßig trifft er sich mit den Offizieren, um mit ihnen ihre Aufgaben zu besprechen.

In besonders schwierigen Situationen ist er selbst auf der Schiffsbrücke und überwacht die Manöver. Im dichten Nebel oder wenn das Schiff in den Hafen einläuft, ist er stets im Einsatz.
Er muss sehr gut Karten lesen können und sich sicher mit den vielen Instrumenten auf der Schiffsbrücke auskennen.

S Der Schreiner

Der Schreiner wird auch manchmal Tischler genannt. Aus Holz baut er Möbel, Fenster- oder Türrahmen.
Mit den großen Maschinen schneidet die Tischlerin die großen Holzplatten zurecht.
Der Schreiner an der Hobelbank bearbeitet ein Stück Holz, das er für die Herstellung eines Schrankes braucht.

Diese Schreiner sollten für einen neuen Laden die Verkaufstheke entwerfen. Zuerst haben sie den Raum genau ausgemessen und den Besitzer gefragt, wie die Theke aussehen soll.
In ihrer Werkstatt haben sie dann die Theke gebaut, die sie nun in den Laden einbauen.

Die Sekretärin

Die Sekretärin arbeitet in einem Büro. Dort gibt es viel zu tun:
Am Morgen öffnet sie die Post und sortiert sie. Sie stempelt die Briefe und bringt sie dann ihrer Chefin oder ihrem Chef.
Die Sekretärin kann eine ganz besondere Schrift, die Steno heißt. Mit dieser Schrift kann sie ganz schnell aufschreiben, was ihr der Chef diktiert.
Später tippt sie die Briefe, die sie in Steno aufgeschrieben hat. Sie kann gut mit dem Computer umgehen.

Die fertigen Briefe legt die Sekretärin in die Unterschriftenmappe, damit ihr Chef sie unterschreiben kann. Dann steckt sie die Briefe in Umschläge und bringt sie zur Post.
Am Nachmittag bereitet sie eine Sitzung vor. Sie kopiert die Papiere, die ihre Chefin mit ihren Mitarbeitern besprechen möchte.
Zwischendurch nimmt sie immer wieder das Telefon ab. Sie vereinbart mit den Anrufern, wann sie mit ihrem Chef oder ihrer Chefin sprechen können, denn während ihrer Sitzung wollen sie nicht gestört werden.

T Die Tierärztin

Die Tierärztin liebt Tiere und kann gut mit ihnen umgehen. Sie hat keine Angst vor ihnen, denn sie weiß, wie sie die Tiere anfassen muss, damit sie nicht treten oder beißen – denn auch Tiere fühlen sich nicht wohl, wenn sie zum Arzt müssen.
Am Vormittag besucht die Tierärztin ihre großen Patienten auf den Bauern- oder Pferdehöfen. Der Land- oder Pferdewirt ruft sie an, wenn es bei der Geburt eines Kalbs oder Fohlens Schwierigkeiten gibt.
Am Nachmittag arbeitet die Tierärztin in ihrer Praxis. In ihrem Wartezimmer warten viele kleinere Patienten – Hunde, Katzen, Vögel, Schildkröten, Hamster, Kaninchen. Um alle Tiere kümmert sie sich.

Die Tierpflegerin

Wenn du Tiere gerne magst, hast du vielleicht Lust, später einmal Tierpflegerin oder Tierpfleger zu werden. Dann kannst du viel Zeit mit deinen kleinen oder großen Lieblingen verbringen, doch du musst dich auch sehr zuverlässig um sie kümmern.

Als Tierpflegerin musst du die Tiere regelmäßig mit dem richtigen Futter füttern. Das Futter bereitest du vorher selbst zu.

Da Tiere im Zoo nicht so viel Platz haben wie freie Tiere, verschmutzt ihr Gehege oder ihr Käfig schnell. Als Tierpfleger sorgst du dafür, dass die Tiere sich wohl fühlen können, und putzt ihre Unterkunft im Zoo.

U

Der Uhrmacher

Früher – als deine Urgroßeltern noch jung waren – waren Uhren wertvolle Gegenstände. Meist besaß man eine einzige Uhr für das ganze Leben. Wenn sie kaputt ging, brachte man sie zum Uhrmacher. Aber auch heute gibt es noch sehr wertvolle Uhren, die der Uhrmacher reparieren kann.
Dazu braucht er eine ruhige Hand. Der Uhrmacher zerlegt die Uhr in ihre einzelnen Teile. Dabei muss er genau aufpassen.

Er sucht den Fehler und repariert ihn. Bevor er die Uhr wieder zusammenbaut, reinigt er sie gründlich.

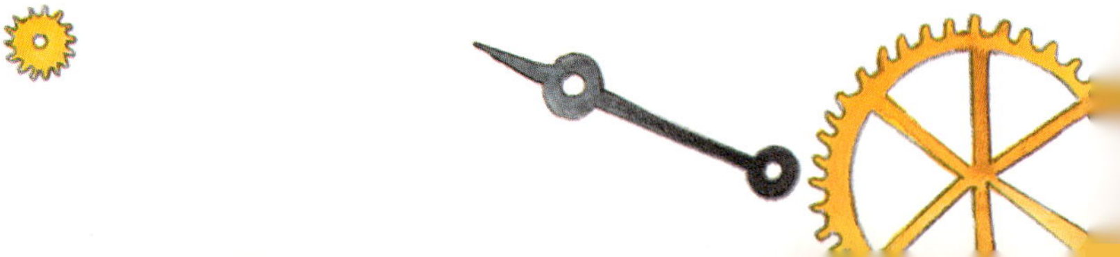

Der Verkäufer

Der Verkäufer hilft den Leuten, die zu ihm in den Laden kommen. Er bringt den Kunden die Dinge, die sie kaufen möchten, und verpackt sie ihnen. Wenn du dir beim Aussuchen noch nicht sicher bist, gibt er dir eine Empfehlung, denn er weiß fast alles über die Sachen, die er in dem Laden verkauft. Er muss gut mit Menschen umgehen können, denn einkaufen macht nur Freude, wenn der Verkäufer oder die Verkäuferin freundlich zu dem Kunden ist.

W Der Weber

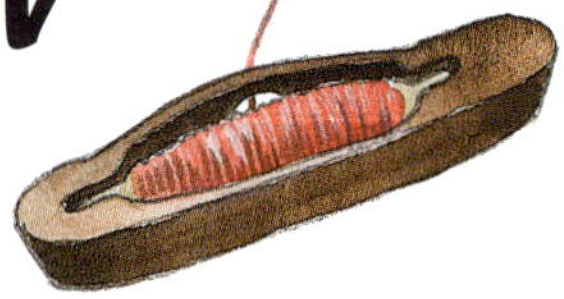

Früher . . .

saß der Weber auf einer Bank vor einem Holzwebstuhl. Von der Seite schob er Wolle mit Hilfe der Holzschiffchen zwischen den Längsfäden hindurch. Zwischendurch musste er mit dem Kamm die durchgewebte Wolle immer wieder nach unten schieben, damit das Webstück schön fest wurde. Es dauerte viele Wochen und Monate, bis er ein Webstück fertig hatte. Das lange Arbeiten auf der harten Bank war oft mühsam.

Heute . . .

werden Stoffe in einer Fabrik hergestellt. Mit den großen Maschinen geht das sehr viel schneller als früher. An einem Tag schafft die Maschine viele Meter Stoff. Der Stoff ist viel feiner und weicher als früher. Der Arbeiter kennt sich genau mit der Maschine aus. Er stellt sie ein, kontrolliert sie und bringt sie in Ordnung, wenn etwas nicht funktioniert. Nur selbst weben kann er sehr wahrscheinlich nicht.

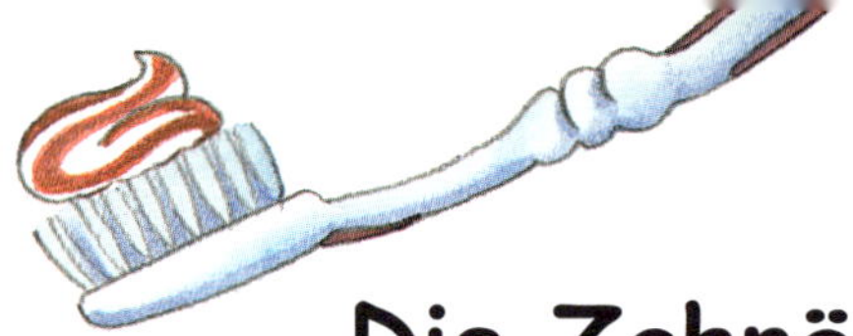

Z

Die Zahnärztin

Du solltest zweimal im Jahr zur Zahnärztin gehen. Sie kontrolliert, ob alle deine Zähne in Ordnung sind. Zuerst erklärt sie dir genau, was sie tun wird.
Sie richtet das Licht auf deinen Mund, damit sie deinen Mundraum genau besehen kann. Mit der Sonde tastet sie deine Zähne ab. So stellt sie fest, ob alle Zähne gesund sind.
Mit dem Mundspiegel betrachtet sie deine Zähne von allen Seiten.
Wenn einer deiner Zähne behandelt werden muss, bohrt sie vorsichtig die kranke Stelle aus und verschließt das Loch mit einer Füllung.
Am Ende deines Besuchs zeigt sie dir an einem Gebiss, wie du deine Zähne besonders gründlich putzen kannst, damit sie lange gesund bleiben.

Ilka Sokolowski/
Thomas Müller

Mein erstes Lexikon der Tiere

Die große bunte Tierwelt steckt voller Überraschungen. Hunde und Katzen, Elefanten und Zebras, Delfine und Wale, heimische und auch exotische Tiere sind hier von A bis Z versammelt. Ein erstes Lexikon zum Schauen und Staunen mit brillianten Illustrationen und kleinen, leicht verständlichen Texten.

- Liebevolle, naturgetreue Illustrationen
- Lebendige Panoramabilder zeigen Tiere in ihren Lebensräumen
- Kurze informative Texte
- Ein Tier-Abc auf jeder Seite vermittelt die Buchstaben

48 Seiten. Gebunden. Durchgehend farbig illustriert.
Für Kindergartenkinder und Schulanfänger.

EDITION BÜCHERBÄR

Carola Schäfer

Welcome!

Erstes Bildwörterbuch

Englisch in der Grundschule - bald Pflichtfach in allen Bundesländern! Denn in diesem Alter lernen Kinder so leicht fremde Sprachen! Mit diesem ersten Bildwörterbuch wird Kindern ein spielerischer Einstieg in die englische Sprache ermöglicht. Überall finden die Kinder Dinge aus ihrem Lebensumfeld wieder. Die Gespräche zwischen Lizzy und Timmy vermitteln erste kleine Redewendungen und Sätze.

- Ein erster Grundwortschatz in Englisch
- Panoramabilder mit Begriffen in Englisch und Deutsch
- Kleine Dialoge mit den wichtigsten Redewendungen
- Register mit Lautschrift
- Bilder-Wörter-Labyrinth als spielerischer Vokabeltrainer

EDITION BÜCHERBÄR

48 Seiten. Broschiert. Ab 5 Jahren.

A B C D E F G H I J K L M